만화로 보는
그리스 로마 신화

올림포스
연대기

만화로 보는 그리스 로마 신화 1

초판　1쇄 발행 2022년 4월 20일
초판　2쇄 발행 2022년 11월 30일
개정판 2쇄 발행 2024년 11월 20일

지은이 김재훈

펴낸이 조기흠

총괄 이수동 / **책임편집** 최진 / **기획편집** 박의성, 유지윤, 이지은
마케팅 박태규, 임은희, 김예인, 김선영 / **제작** 박성우, 김정우
교정교열 책과이음 / **디자인 표지** 이기섭 **본문** 이슬기

펴낸곳 한빛비즈(주) / **주소** 서울시 서대문구 연희로2길 62 4층
전화 02-325-5506 / **팩스** 02-326-1566
등록 2008년 1월 14일 제 25100-2017-000062호

ISBN 979-11-5784-693-1 04920
　　　 979-11-5784-692-4 세트

이 책에 대한 의견이나 오탈자 및 잘못된 내용은 출판사 홈페이지나 아래 이메일로 알려주십시오.
파본은 구매처에서 교환하실 수 있습니다. 책값은 뒤표지에 표시되어 있습니다.

🏠 **hanbitbiz.com** ✉ **hanbitbiz@hanbit.co.kr** **facebook.com/hanbitbiz**
post.naver.com/hanbit_biz ▶ **youtube.com/한빛비즈** **instagram.com/hanbitbiz**

Published by Hanbit Biz, Inc. Printed in Korea
Copyright ⓒ 2023 김재훈 & Hanbit Biz, Inc.
이 책의 저작권은 김재훈과 한빛비즈(주)에 있습니다.
저작권법에 의해 보호를 받는 저작물이므로 무단 복제 및 무단 전재를 금합니다.

지금 하지 않으면 할 수 없는 일이 있습니다.
책으로 펴내고 싶은 아이디어나 원고를 메일(hanbitbiz@hanbit.co.kr)로 보내주세요.
한빛비즈는 여러분의 소중한 경험과 지식을 기다리고 있습니다.

GREEK & ROMAN MYTHS

교양토

만화로 보는
그리스 로마 신화

① 올림포스 연대기

김재훈 글·그림

한빛비즈
Hanbit Biz, Inc.

차 례

| 프롤로그 | 신들의 기원 | 006 |

제1장 　대지의 어머니, 가이아　　　　　　　　018
제2장 　복수의 밤　　　　　　　　　　　　　　030
제3장 　신들의 운명　　　　　　　　　　　　　042
제4장 　굴레　　　　　　　　　　　　　　　　054
제5장 　또다시 꾸며지는 계략　　　　　　　　066
제6장 　제우스의 첫사랑　　　　　　　　　　078
제7장 　아버지의 아들　　　　　　　　　　　　090
제8장 　순환　　　　　　　　　　　　　　　　102
제9장 　승리하려면　　　　　　　　　　　　　114
제10장 　계약　　　　　　　　　　　　　　　　126
제11장 　티타노마키아　　　　　　　　　　　　138

제12장	새 국면	150
제13장	제우스를 위한 변명	162
제14장	종전	174
제15장	얻는 것과 잃는 것	186
제16장	첫사랑을 이루다	198
제17장	서약	210
제18장	부지런한 제우스	222
제19장	지혜를 삼키다	234
제20장	위대한 탄생	246
제21장	뮤즈의 노래	258

|에필로그|	268
|작가의 말|	271
|참고문헌|	280

프롤로그
신들의 기원

작품 제목은 '아들을 잡아먹는 사투르누스'.

이야기는 '없는' 것으로부터 시작해.

그런데 없다는 건 '없는 상태'를 떠올리는 거니까 '없음'이라는 게 있다는 걸 상상하는 거잖아? 그럼 없는 것도 결국 있는 것일까? 어떻게?

어때? 시작부터 돼먹지 않았지?

제1장
대지의 어머니, 가이아

"가이아는 맨 먼저 자기와 대등한
별 많은 우라노스를 낳아
자신의 주위를 완전히 감싸도록 함으로써,
우라노스가 영원토록 축복받은 신들에게
안전한 거처가 되게 하였다."
- 헤시오도스,《신들의 계보》

신들을 잉태하고, 괴물들을 낳고,

인간들을 길러낼
풍만한 모성의 대지.

여신의 이름은 '가이아'였어.

그리고 대지 아래 깊숙한 곳에
어둡고 침울한 심연인 타르타로스를
마련해두었어.

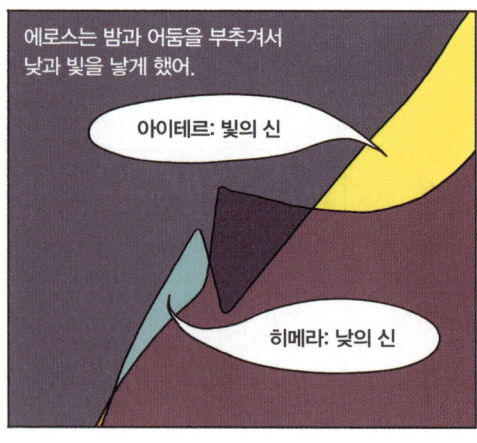

*영어식 이름은 큐피드.

그리하여 대지와 하늘이 결합했어.

12명의 자식들은 모두 준수했어.

강과 대양을 관장하는 남신과 여신, 오케아노스와 테티스.

태양신 헬리오스와 새벽의 여신 에오스의 부모가 될 히페리온과 테이아.

아폴론과 아르테미스의 어미인 레토를 낳을 코이오스와 포이베.

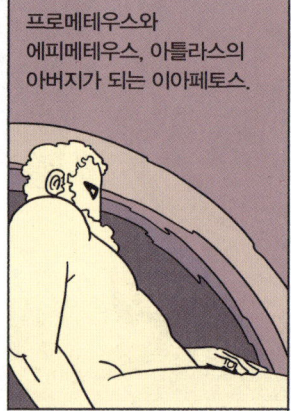
프로메테우스와 에피메테우스, 아틀라스의 아버지가 되는 이아페토스.

천체, 별들의 신 아스트라이오스의 선조인 크리오스.

훗날 제우스와 동침해 계절의 여신들과 뮤즈들을 낳을 테미스와 므네모시네.

너도 제우스한테?

제우스의 어머니가 되는 레아.

나 왜 똥머리?

그리고 문제의 크로노스.

흡!…

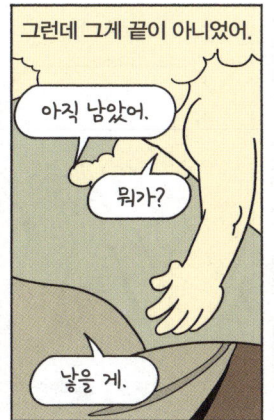

여신은 괴물들을 낳았어.

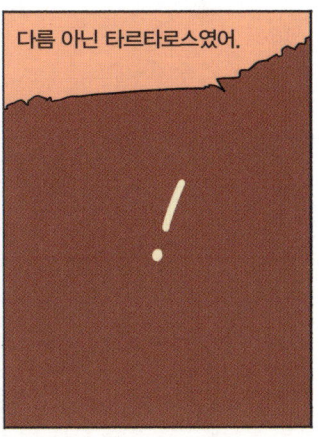

제2장
복수의 밤

"오케아노스를 제외한
티탄 신족 모두는 우라노스를 공격했고,
크로노스는 아버지의 남근을 잘라
바다에 던져버렸다.
그때 흘러내리는 핏방울에서
복수의 여신들인 알렉토와 티시포네와
메가이라가 태어났다."
- 아폴로도로스, 《비블리오테케》

그리고 하늘과 세계의 통치자가 바뀌었음을 선언했지.

제3장
신들의 운명

"밤은 또 운명의 여신들과
무자비하게 응징하는
죽음의 여신들을 낳으니,
이 여신들은 인간들과 신들의
범법을 추적하되
죄지은 자들을 응징하기 전에는
무서운 노여움을 결코 풀지 않는다."
- 헤시오도스, 《신들의 계보》

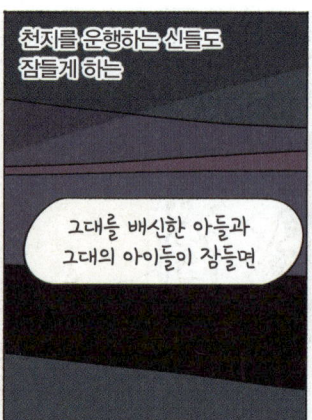

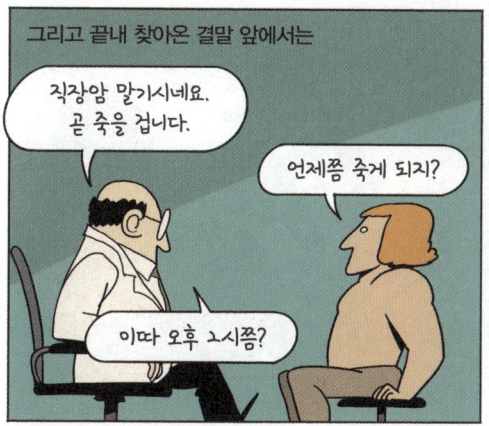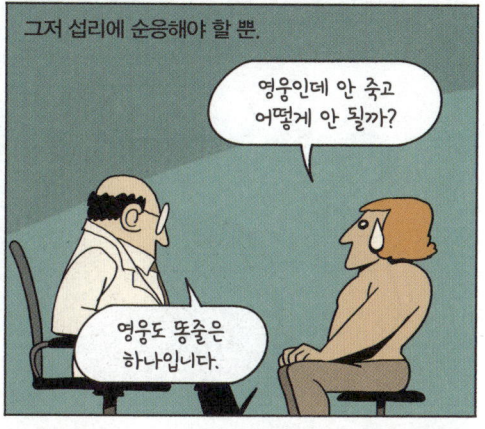

제4장
굴레

―

"크로노스는 데려온 형제들을 묶어
다시 타르타로스에 가두고 누이인 레아와 결혼했다.
그리고 자식들이 태어나는 대로 모두 삼켜버렸다.
자식들에 의해 권좌에서 축출될 것이라고
가이아와 우라노스가 예언했기 때문이다.
그리하여 그는 맏아이인 헤스티아를,
그다음에는 데메테르와 헤라를,
이어서 하데스와 포세이돈을 삼켰다."

- 아폴로도로스, 《비블리오테케》

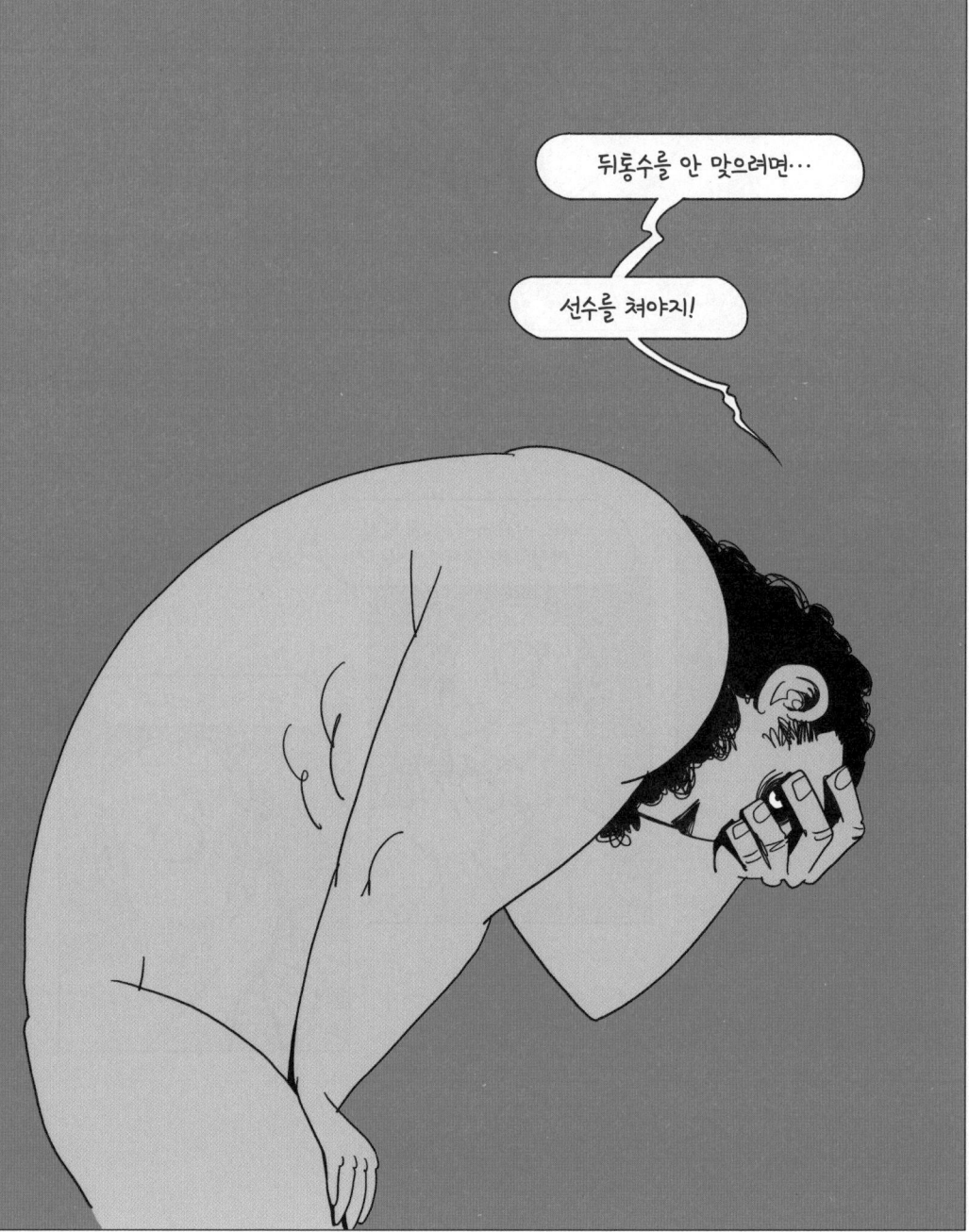

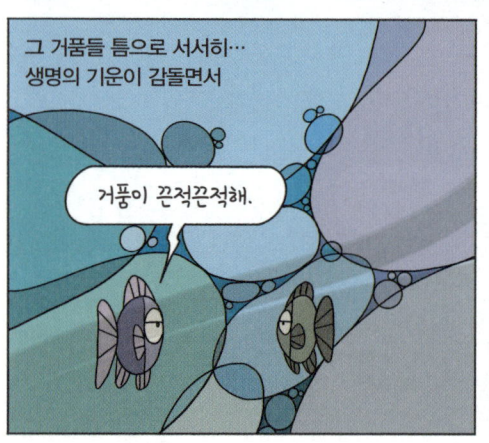

신과 인간 세계를 통틀어 가장 관능적인 존재,
아프로디테가 탄생한 거야.

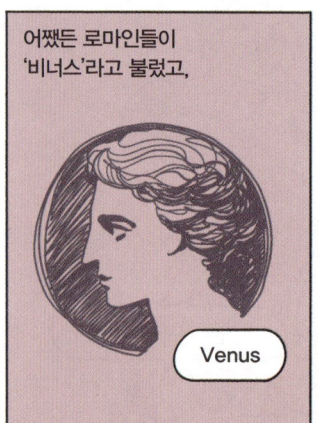

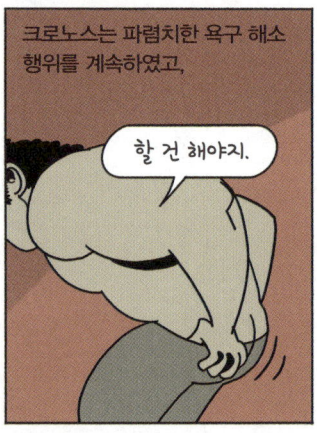

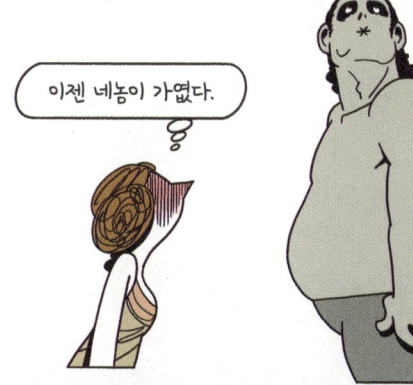

제5장
또다시 꾸며지는 계략

―

"레아는 참을 수 없는 고통 가운데
사랑하는 부모님인 가이아와
별 많은 우라노스에게 간청했다.
몰래 아이를 낳을 수 있게 해달라고.
그리고 자기 아버지의 원수를 갚아줄 복수의 여신과
크로노스가 집어삼킨 아이들의 원수를 갚아줄
복수의 여신들에게 진 빚을 갚을 수 있게
한 가지 계략을 생각해내달라고."

- 헤시오도스, 《신들의 계보》

*헤시오도스가 《신들의 계보》에서 실제로 한 말.

제6장
제우스의 첫사랑

―

"그리하여 요정들은 아말테이아의
젖으로 아이를 길렀고,
쿠레테스들은 크로노스가 아이의 목소리를
듣지 못하도록 창으로 방패를 치며
완전무장한 채 동굴에서 아이를 지켰다.
한편 레아는 돌덩이를 포대기에 싸서
갓난아기인 양 크로노스에게 삼키라고 건네주었다.
장성한 제우스는 오케아노스의 딸
메티스의 도움을 받게 된다."
- 아폴로도로스, 《비블리오테케》

사랑을 못 얻는다면,
천하를 얻은들…

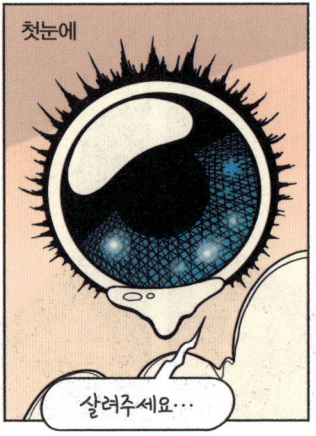

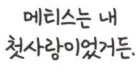

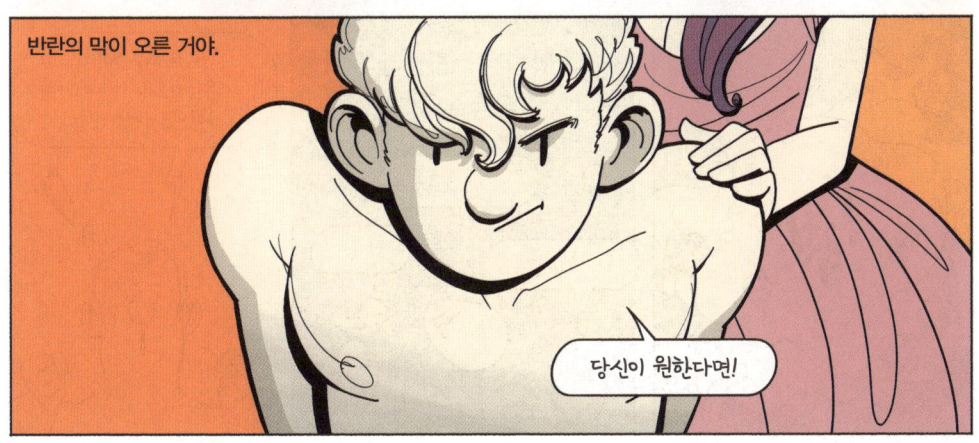

제7장
아버지의 아들

"다른 신들처럼 티탄의 아들이었던
제우스만이 시작과 끝이 될 수 있었다.
그는 남성이었지만 불멸의 님프이기도 했다.
그래서 넘쳐흐르는 고독 속에서 제우스는
자신이 태어나자마자 집어삼키려고
위협을 가했던 아버지 크로노스의 아들로
태어나기 이전의 삶을 보았다.
제우스는 그를 통해 자신의 아버지가
왜 그렇게 흉포해졌는지 이해할 수 있었다."
- 로베르토 칼라소, 《카드모스와 하르모니아의 결혼》

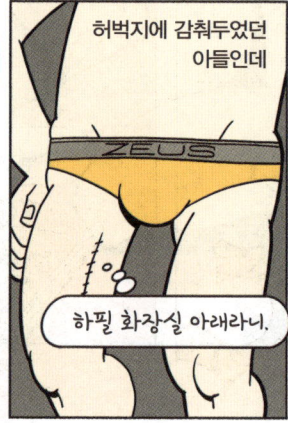

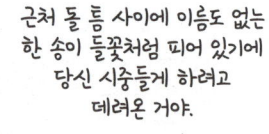

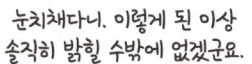

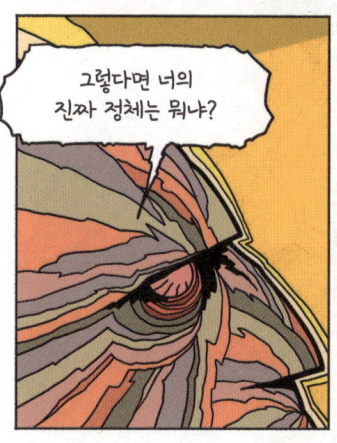

제8장
순환

"아버지인 위대한 우라노스는
자신이 낳은 자식들을 나무라며
그들에게 티탄 신족이란 별명을 지어주었고,
그들이 손을 뻗어 엄청난 짓을 저질렀으니
훗날 그 벌을 받게 될 것이라고 말했다."

- 헤시오도스,《신들의 계보》

어쩌면 너의 진짜 적은 따로 있을지도 몰라.

자연의 이치가 그렇듯, 역사의 흐름이 그러하듯, 인간의 행태가 그러하듯.

그토록 기나긴 상념이 머릿속을 맴도는 동안 마치 시간이 멈춘 듯했지.

하지만 내 일격은 멈추지 않았어.

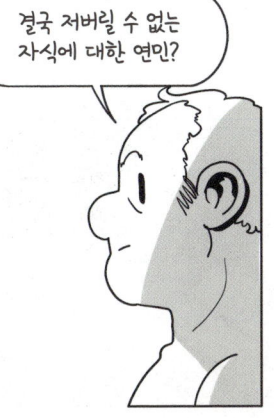

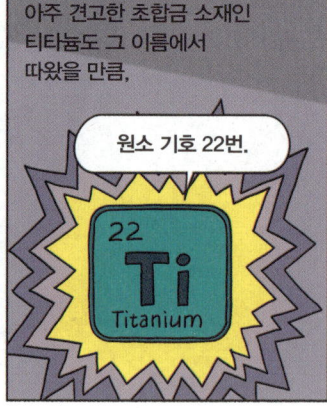

제9장
승리하려면

"이아페토스는 복사뼈가 예쁜
오케아노스의 딸 클리메네를 데려가
한 침상에 들었다.
그녀는 그에게 마음이 드센
아틀라스를 아들로 낳아주었다.
그녀는 또 거만한 메노이티오스와
꾀 많고 머리가 잘 돌아가는 프로메테우스와
얼빠진 에피메테우스를 낳았다."

- 헤시오도스, 《신들의 계보》

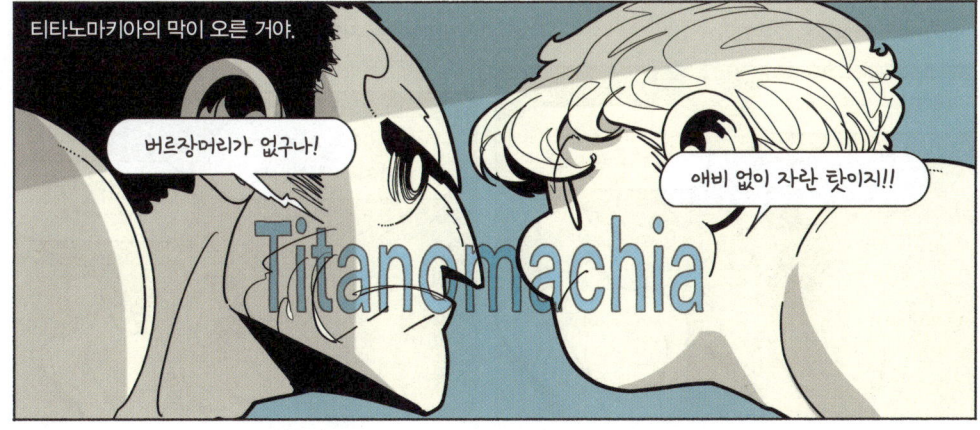

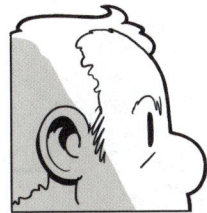

제10장
계약

"오케아노스의 딸 스틱스는 팔라스와 교합하여
궁전에서 열망, 복사뼈가 예쁜 승리,
힘, 완력을 걸출한 자식들로 낳았다.
이들은 제우스께서 앞장서시는 곳이 아니면
가지도 않고 늘 크게 천둥 치시는 제우스 옆에 자리 잡곤 했다.
오케아노스의 불멸의 딸 스틱스가
그렇게 하도록 결정했기 때문이다.
제우스께서 그녀의 명예를 높여주시며
각별한 선물을 주셨으니,
그녀 자신은 신들의 위대한 맹세가 되게 하시고,
그녀의 자식들은 언제까지나 당신과 함께 살게 하셨다."

- 헤시오도스, 《신들의 계보》

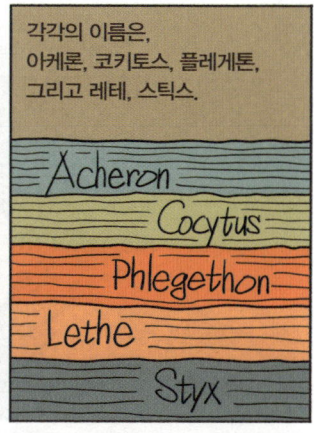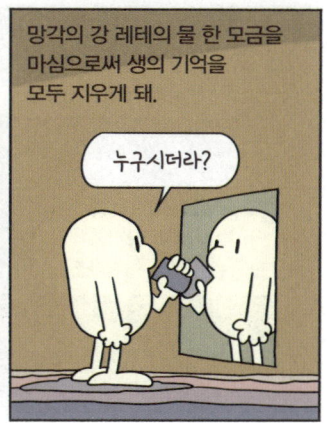

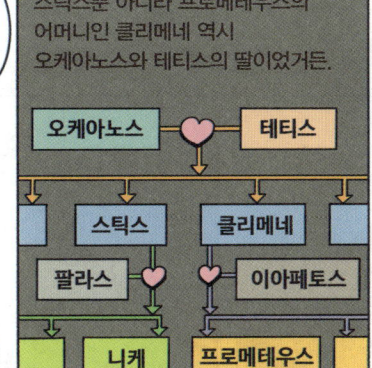

제11장
티타노마키아

"티탄 신족과 크로노스에게서 태어난 신들은
오랫동안 마음에 고통을 주는 노고를 참으며,
격렬한 전투를 벌이며 서로 싸웠다.
당당한 티탄 신족은 높은 오트리스산에서 그랬고,
머릿결이 고운 레아가 크로노스와 누워서 낳은,
복을 가져다주는 신들은 올림포스에서 그랬다.
그들은 마음에 고통을 주는 노고를 참으며
만 10년 동안 쉴 새 없이 서로 싸웠다."

- 헤시오도스, 《신들의 계보》

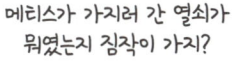

제12장
새 국면

"가이아는 또 마음이 거만한 키클롭스들을,
브론테스와 스테로페스와
마음이 드센 아르게스를 낳으니,
그들이 제우스에게 천둥을 주고
번개를 만들어주었다."

- 헤시오도스, 《신들의 계보》

형제가 처참하게 당하자, 이번엔 아틀라스가 눈이 뒤집혔어.

티라네스! 함께 총공격하자!!!

그런데 그 순간 하늘이 요란하게 덜그럭거리며,

아틀라스! 저기 좀 봐!

눈을 의심할 만한 광경이 펼쳐졌어.

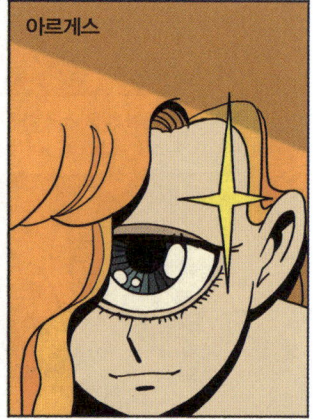

제13장
제우스를 위한 변명

"그리스인들은 혈통을 매우 중요하게 생각했기에
부족마다 자신들의 혈통을
주신인 제우스와 관련시키고 싶어 했다.
그 과정에서 수많은 전설이 만들어졌다.
그 결과 제우스는 역사상 유례를 찾아보기 힘들 정도로
천하의 난봉꾼이 되어 수습할 수 없을 정도로
난잡한 여자관계를 갖게 되었다."

- 유재원, 《유재원의 그리스신화 I》

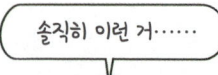
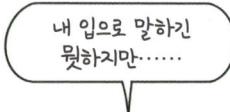

포세이돈에게는 삼지창, 트라이덴트를 선물해드렸고요.

하데스에게는 쓰면 보이지 않게 되는 가면 투구, 키네에를 드렸어요.

제14장
종전

"이제 제우스께서 더 이상 당신의 힘을
억제하지 않으셨으니,
그분께서 동시에 하늘과 올림포스에서 오셔서
쉴 새 없이 번개를 치시사,
벼락들이 천둥과 전광과 함께
그분의 억센 손에서 잇달아 날았다.
티탄 신족이 비록 강력하기는 하지만
벼락과 번개의 섬광은 그들을 눈멀게 했다.
무시무시한 열기가 카오스를 채웠다."
- 헤시오도스, 《신들의 계보》

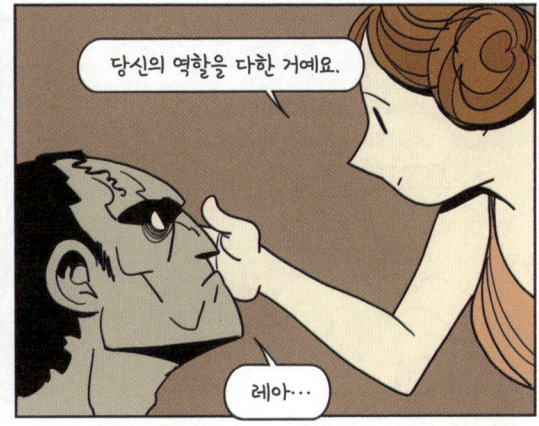

제15장
얻는 것과 잃는 것

"그리고 제비를 던져 자기들끼리 권력을 나누니
제우스에게는 하늘의 통치권이,
포세이돈에게는 바다의 통치권이,
플루토에게는 저승에서의 통치권이
그 몫으로 주어졌다."
- 아폴로도로스, 《비블리오테케》

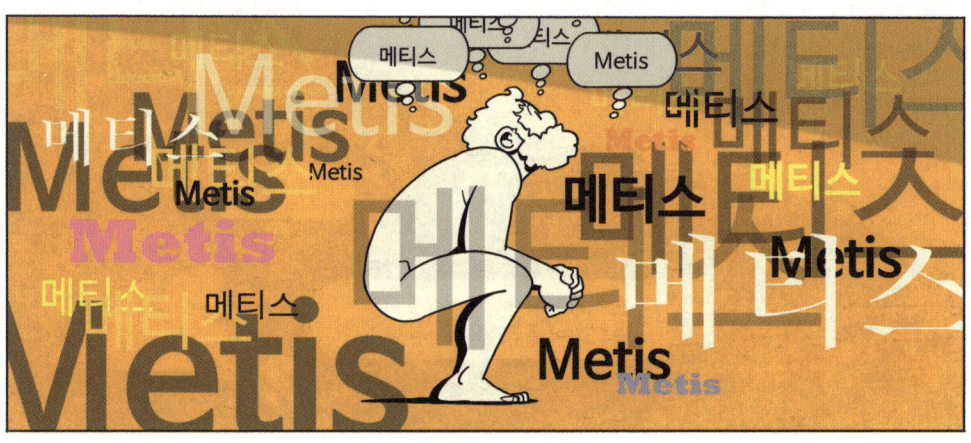

제16장
첫사랑을 이루다

―――

"가이아와 별 많은 우라노스의 조언에 따라,
영생하는 신들 중에 다른 신이
제우스 대신 왕권을 쥐지 못하도록
이들이 그에게 조언했던 것이다.
메티스는 영리한 아이들을 낳게 되어 있었으니까.
먼저 그녀는 용기와 지모가
아버지 못지않은 빛나는 눈의 처녀
트리토게네이아를 낳고,
그다음에는 아들을, 거만한 마음을 가진,
신들과 인간들의 왕을 낳게 되어 있었던 것이다."

- 헤시오도스, 《신들의 계보》

제17장
서약

"그분께서는 헤라를
꽃다운 아내로 삼으시니…"
- 헤시오도스, 《신들의 계보》

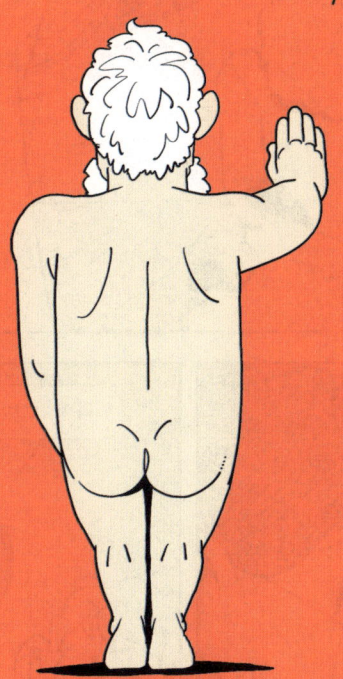

제18장
부지런한 제우스

"두 번째로 그분께서는 윤이 나는 테미스와 결혼하셨고,
그녀가 호라이 여신들을 낳으니,
이들이 필멸의 인간사를 관장한다. 오케아노스의 딸로
외모가 사랑스러운 에우리노메는 그분께
볼이 예쁜 3명의 카리테스 여신들을 낳아주었다.
그분께서는 또 많은 것을 양육하는 데메테르의 침상으로 가시니,
그녀는 흰 팔의 페르세포네를 낳았다.
제우스께서는 또 머릿결이 고운 므네모시네를 열망하셨다.
그녀한테서는 황금 머리띠의 무사이 여신 9명이 태어나시니,
그분들에게는 축제와 노래의 즐거움이 마음에 드셨다."

- 헤시오도스, 《신들의 계보》

테미스.
우라노스와 가이아의 딸로서,

"태생으로 치면 티탄이야."

균형과 질서, 관습과 계율을
중시하는 완고한 여신이야.

티탄 여신들 여섯 중 넷은 오누이 간에 연을 맺어 부부가 됐지만,

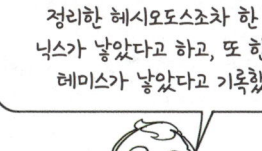

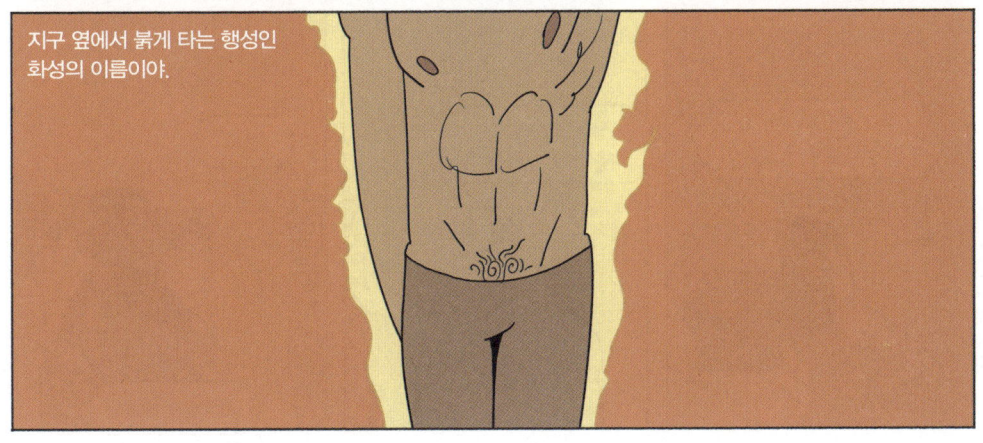

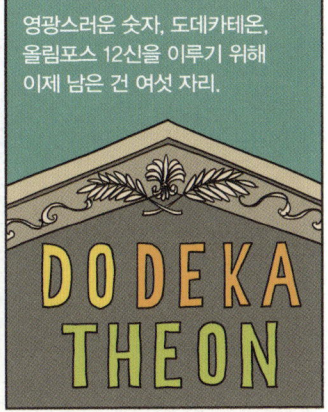

제19장
지혜를 삼키다

―

"그분께서는
꾀와 아첨하는 말로 속여
그녀를 당신의 몸속에 넣으셨다."
- 헤시오도스, 《신들의 계보》

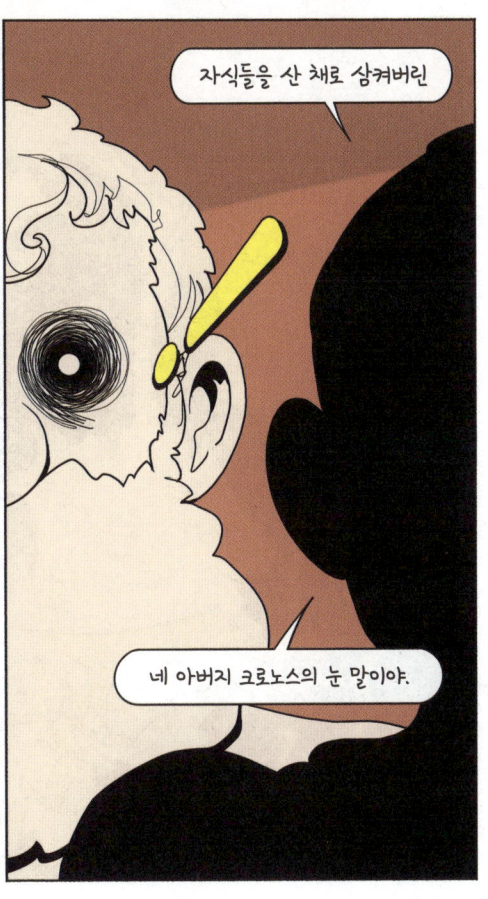

메티스는 시야에서 사라져버렸어.

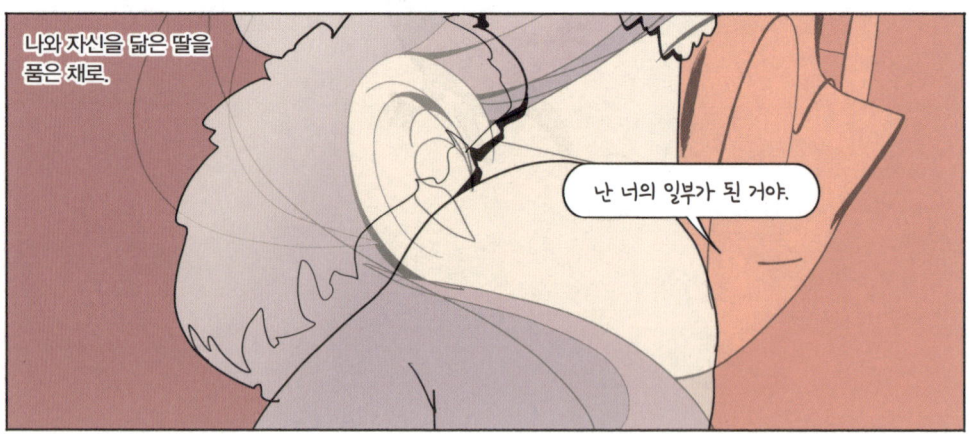

제20장
위대한 탄생

"헤파이스토스가 도끼로
제우스의 머리를 치자
완전무장한 아테나가 제우스의 정수리에서
트리톤의 강가로 뛰어내렸다."

- 아폴로도로스, 《비블리오테케》

제21장
뮤즈의 노래

―

"노래를 헬리콘산의 무사이 여신들로부터 시작하자.
편안하소서, 제우스의 따님들이여.
내게 그리움을 일깨우고 노래를 주시고,
영생불사하는 신들의 신성한 종족을,
가이아와 별 많은 우라노스와 어두운 밤에서 태어난 신들과
짜디짠 폰토스가 기른 신들을 찬미하소서.
그리고 말씀해주소서.
복을 가져다주는 신들이 어떻게 태어났는지,
그리고 그들이 어떻게 부를 분배하고
명예를 나누어 가졌으며, 처음에 어떻게
주름 많은 올림포스를 차지하게 되었는지."

- 헤시오도스, 《신들의 계보》

| 신들의 광휘를 똑바로 쳐다본 인간들은 격려와 보상을 얻을까? | 사냥터에서 들개들의 이빨에 찢겨 처참하게 죽을까? | 불사의 신과 필멸의 인간들이 함께 겪는 운명의 서사가 펼쳐질 거야. |

Apollon

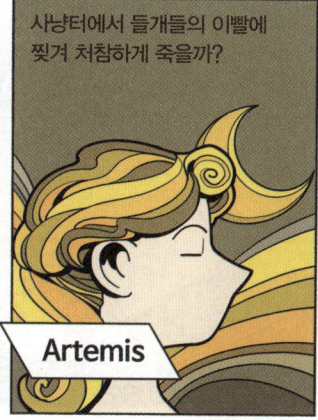
Artemis

Hermes

잔인하리만치 가혹한 생을 이어가며 신화의 무대에서 끝내 신들을 밀어낸 영웅들의 이야기가…

왜 나에게…

짐승과 괴물의 피를 뽑고 형제의 심장을 겨누며

여인을 농락하며 여인에게 배신당하고

신들의 노래에 현혹되어 패가망신의 길을 걷는

영웅의 운명을 짐 지운 것이오?

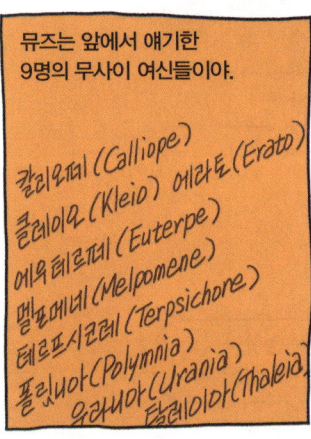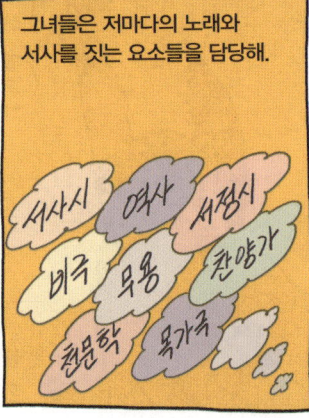

―――――― 작가의 말 ――――――

그리스 신화는 어떤 원전을 언제 읽느냐에 따라 느껴지는 감성의 차이가 확연합니다.

어린 나이에 주로 접하는 토머스 불핀치의 《그리스 로마 신화》를 읽었을 때는 그것이 편저자가 발췌하고 엮은 내용이라는 걸 의식하지 못한 채, 신화 속에 등장하는 여러 신들이 펼치는 역할극과 영웅들의 이야기에만 몰입했습니다. 신들의 면모를 통해 자기 안에서 발굴하고픈 역량을 찾아가며 갖은 역경을 이겨내는 영웅들의 모습에서 인내와 용기를 배우면서 말이죠.

다음으로 아이스킬로스, 소포클레스, 에우리피데스의 그리스 비극과 호메로스의 서사를 통해 좀 더 적나라한 모습의 그리스 신화를 접했을 때는 이면에 도사렸다가 출몰한 인간 본성의 부조리를 체험했습니다. 은유와 알레고리라는 얇은 베일을 걸친 채 사춘기 소년의 예민한 부위를 건드리는 예술가에게 하릴없이 약한 감성을 유린당하는 것처럼 말입니다.

이때 신화에서 받은 느낌은 한마디로 말해 "숱한 신과 영웅들의 당혹스러운 일대기에는 지당한 도덕률도, 일관된 맥락의 교훈도, 그 흔한 권선징악의 규칙도 없다"였습니다. 완전함과 공의로움의 본보기여야 할 신들은 인간보다 더 졸렬한 질투로 서슴없이 만행을 저지릅니다. 신들의 왕이라는 제우스가 수없이 많은 여인을 납치하고 농락하는 걸 보면 차라리 무도한 신들의 괴수라 불러야 마땅할 것 같고, 하찮은 이유로 악타이온을 갈기갈기 찢어 죽인 아르테미스가 영롱한 달의 여신으로 존중되는 것이 가당찮게 여겨집니다.

영웅을 포함한 인간 세계의 일도 매한가지여서 천륜을 저버린 존속살해가 빈번하게 자행되고, 통음난무를 벌이는 디오니소스교를 금지한 펜테우스가 광신도인 어머니와 이모에 의해 내장까지 파헤쳐져 죽임을 당하는 장면에서는 아연실색을 넘어 그러한 행

위를 두고 신의 권위 앞에 겸허하라고 거드는 에우리피데스의 목줄을 먼저 조이고 싶은 심정이 됩니다.

그럼에도 불구하고 그리스 신화가 오늘날까지 문화사에 새겨놓은 흔적과 잠재력은 결코 외면할 수 없을 만큼 깊고 광대합니다. 셰익스피어를 비롯한 뛰어난 문호들이 남긴 작품의 바탕에 깔린 중요한 얼개로 발견됨은 물론, 인간사 희비극의 곡절을 다룬 드라마와, 심지어 오락성 짙은 마블 영화의 세계관마저 그리스 신화가 펼쳐놓은 구조의 그물망에서 벗어나지 못합니다.

그리스 신화가 철학과 인문 분야에 끼치는 영향력도 대단합니다. 정신분석학계의 거목인 프로이트는 무의식 연구의 단초로 오이디푸스 신화를 활용했으며, 철학자 니체는 합리적 이성을 우위에 두는 근대적 사유의 흐름에 반하는 감정적이고 예술적인 인간 본성을 회복할 것을 요구하면서 빛나는 이성을 상징하는 아폴론의 광휘에 가려져 있던 음험한 주신 디오니소스를 소환합니다. 그런가 하면 경험 관찰을 중시하는 연구에서 신화적 요소는 전혀 염두에 두지 않을 것 같은 과학자들도 때론 새로 발견한 원소에 신화에서 따온 이름을 붙입니다.

이렇듯 우리가 문학, 예술, 역사, 철학을 막론하고 세계 문화를 향한 창을 열고 있는 한 그리스 신화의 감성에 젖은 습한 공기를 피할 방도는 없습니다.

그 후로 신들의 활약과 영웅담을 따로 챙겨 들여다볼 여유가 없는 분주한 시절을 지나 보냈습니다. 그러다가 종내 끊어내지 못한 판타지와 현실의 보이지 않는 연쇄에 붙들려 다시 해당 분야에 정통한 학자들이 신화 속 이야기를 주제별로 친절하게 설명한 《이윤기의 그리스 로마 신화》나 《장영란의 그리스 신화》 같은 책을 읽고 더 은밀하고 다채롭게 변주되는 신화의 세계에 빠져들었습니다. 이럴 때 맨 먼저 눈을 돌리게 되는 곳은 역시나 이 모든 이야기의 기원을 거슬러 올라가면서 만나게 되는 원전들입니다.

헬리콘산 무사이 여신들로부터 직접 신들의 계보를 전해 들었다고 너스레를 떨며 《신들의 계보》를 작성한 헤시오도스와 오비디우스, 아폴로도로스 같은 초기 기록자들의 원전을 대조해가면서 이야기의 조각들을 맞추다 보니, 전에 보았던 편집본과 문학작품과 영화들이 각색해서 알려준 것과 다른 종류의 그리스 신화 여정을 만들 수 있으리라는 기대를 품게 되었습니다. 원전의 토대 위에 작가 특유의 주관을 얹어 새로운 신화의 길을 닦은 걸로 정평이 난 것 중에서 가장 두드러진 수작은 앤드루 달비의 《디오니소스》와 로베르토 칼라소의 《카드모스와 하르모니아의 결혼》이었습니다. 여러 평론가들은 이 수려한 작품들을 그리스 신화에 대한 독창적이고 새로운 해석이라고 했지만, 책장이 닳도록 반복해서 읽고 메모하며 내린 결론은 그리스 신화를 다룬 어떤 콘텐츠보다 충실하게 원전의 심연으로 침잠해 들어가 그 안에 가득 찬 무의식의 진면목을 드러내 보인 걸작이라는 것이었습니다.

고대의 시인들은 왜 신화를 노래했는지, 신화는 왜 흩어진 조각들로 기록되었는지, 그 방대한 서사에 한마디씩 보탠 이들은 왜 그토록 꿈틀대는 욕정으로 신화를 적셔놓았는지…. 비로소 비밀의 문이 열리며 그리스 신화라는 팻말을 건 자장 안에서 쉴 새 없이 요동치며 막연히 감지되던 의미가 밝혀지는 순간이었습니다.

신화의 실상은 인간이 성장기에 맞이하는 사리 분별의 관문을 넘지 못해 차마 제도의 언어로 구현하지 못하는 욕망의 배앓이라는 것을, 그래서 신화는 지엄한 신의 보편적 계명과 달리 정형화된 틀을 필요로 하지 않는다는 걸 알게 된 것도 그때였습니다.

신화는 우리가 무의식에 두고 온 욕망의 서사일지도 모릅니다. 리비도의 자연스러운 억압에 성공한 문명인들의 사회에서는 용인되지 못할 불온하고 발칙하기 짝이 없는 금기임에도, 욕망은 의식의 영역 아래 깊이를 알 수 없는 타르타로스와도 같은 어둠 속에 머물면서 우리 삶의 원초적 에너지원이 되어준다고 하지요. 그래서 욕망은 정제된 의식의 세계에 정박하지 못한 채 부유하다가 간혹 어렴풋한 몽환으로 나타날 때 유달리 날 선 시인들의 감각에 포획되어 짧은 읊조림으로 전해졌습니다.

신화는 타자화된 욕망의 노래이지만 분명 내 안으로부터 퍼져 나오는 울림입니다. 근엄한 태도로 마주하며 내려다볼 때는 추잡하고 혼란스러운 대상이지만, 나를 포함한 인간의 품으로 끌어안아 음미하면 더없이 풍만하고 생기 넘치는 우리의 자화상이요, 건강하고 향기로운 연인의 유혹이 되지요.

이처럼 에로틱하고 매혹적인 신화의 향연에 해학의 수사를 가미한 만화를 만들겠다는 다짐은 그동안 디자인, 문화, 예술, 과학, 철학 등 여러 주제로 책을 쓰고 그리는 동안에도 늘 잊지 않고 꾸준히 준비하던 오랜 숙원이었고, 이제 그 작업의 첫발을 내딛게 되었습니다. 아무쪼록 널리 알려진 텍스트와 회화를 통해 그리스 신화를 접했던 독자들에게 작은 의미로나마 또 하나의 감성 체험이 될 수 있기를 바랍니다.

2022년 봄
필율(筆律) 김재훈

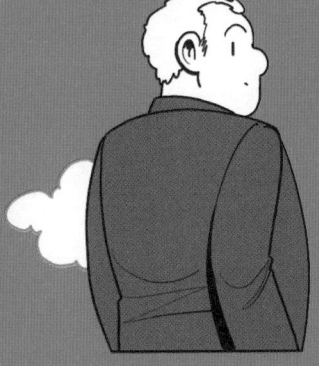

참고문헌

- 강대진, 《그리스 로마 신화》, 지식서재, 2017.
- 구스타프 슈바브, 이동희 옮김, 《구스타프 슈바브의 그리스 로마 신화》, 휴머니스트, 2015.
- 김헌, 《신화와 축제의 땅 그리스 문명 기행》, 아카넷, 2021.
- 로베르토 칼라소, 이현경 옮김, 《카드모스와 하르모니아의 결혼》, 동연, 1999.
- 샤를 페팽 글, 쥘 그림, 조재룡 옮김, 《그리스 신화 백과사전》, 이숲, 2019.
- 소포클레스, 조우현 옮김, 《그리스 비극: 소포클레스 편》, 현암사, 2006.
- 스티븐 프라이, 이영아 옮김, 《스티븐 프라이의 그리스 신화(전3권)》, 현암사, 2019.
- 아이스킬로스, 이근삼 외 옮김, 《그리스 비극: 아이스킬로스 편》, 현암사, 2006.
- 아폴로도로스, 천병희 옮김, 《원전으로 읽는 그리스 신화》, 숲, 2004.
- 앤드루 달비, 박윤정 옮김, 《디오니소스》, 랜덤하우스코리아, 2004.
- 에디스 해밀턴, 서미석 옮김, 《에디스 해밀턴의 그리스 로마 신화》, 현대지성, 2017.
- 에우리피데스, 여석기 외 옮김, 《그리스 비극: 에우리피데스 편》, 현암사, 2006.
- 오비디우스, 천병희 옮김, 《변신 이야기》, 숲, 2017.
- 유재원, 《유재원의 그리스신화(전2권)》, 북촌, 2015.
- 이윤기, 《이윤기의 그리스 로마 신화(전5권)》, 웅진지식하우스, 2000.
- 장영란, 《장영란의 그리스 신화》, 살림, 2005.
- 천병희, 《그리스 비극의 이해》, 문예출판사, 2002.
- 최혜영, 《그리스 비극 깊이 읽기》, 푸른역사, 2018.
- 토머스 불핀치, 손명현 옮김, 《그리스 로마 신화》, 동서문화사, 2007.
- 헤시오도스, 김원익 옮김, 《신통기》, 민음사, 2003.
- 헤시오도스, 천병희 옮김, 《신들의 계보》, 한길사, 2009.
- 호메로스, 이상훈 옮김, 《오디세이아》, 동서문화사, 2016.
- 호메로스, 이상훈 옮김, 《일리아스》, 동서문화사, 2016.
- 호메로스, 천병희 옮김, 《오뒷세이아》, 숲, 2015.
- 호메로스, 천병희 옮김, 《일리아스》, 숲, 2015.